महाभारत
की कहानियाँ

हस्तिनापुर के राजकुमार

सुभद्रा सेन गुप्ता

Om KIDZ
An imprint of Om Books International

विचित्रवीर्य के पुत्रों के वयस्क होने के बाद पांडु हस्तिनापुर के राजा बन गए। पांडु ने दो बार विवाह किया था। उनका पहला विवाह मथुरा की राजकुमारी कुंती तथा दूसरा विवाह मद्र की राजकुमारी माद्री से हुआ था। धृतराष्ट्र का विवाह गांधार के राजा की पुत्री गांधारी से हुआ था।

जब गांधारी को अपने पति धृतराष्ट्र के अंधे होने की जानकारी मिली, तब उसने यह निर्णय लिया कि वह जीवन भर अपनी आँखों पर पट्टी बाँधकर रहेगी और अपने पति की तरह ही दुनिया नहीं देखेगी। गांधारी के इस निर्णय से उसका भाई शकुनि बहुत अधिक क्रोधित हो उठा और उसने एक दिन हस्तिनापुर के कुरु परिवार से प्रतिशोध लेने की प्रतिज्ञा ली।

एक दिन राजा पांडु वन में शिकार पर गए थे। उन्हें झाड़ियों के पीछे से आती हुई एक ध्वनि सुनाई दी और उन्होंने सोचा, *यह किसी हिरण की आवाज़ है*। उन्होंने उस ओर अपना धनुष ताना और ध्वनि की दिशा में तीर छोड़ दिया। उनका तीर जाकर ऋषि किंदम को लगा, जिन्होंने मरने से पहले पांडु को अभिशाप दे दिया। दुःखी पांडु ने अपनी पत्नी कुंती और माद्री के साथ वन में जाकर रहने का निर्णय लिया।

अंधे होने के उपरांत भी धृतराष्ट्र हस्तिनापुर के राजा बन गए। उनके और उनकी रानी गांधारी के सौ पुत्र हुए। उन्होंने अपने सबसे बड़े पुत्र का नाम दुर्योधन और दूसरे पुत्र का नाम दुःशासन रखा। हस्तिनापुर के राजकुमारों में सबसे बड़े पांडु और कुंती के पुत्र युधिष्ठिर थे।

जब पांडु की बड़ी रानी कुंती मथुरा की राजकुमारी थी, उस समय ऋषि दुर्वासा उसके पिता के महल में उनसे मिलने आए थे। कुंती के पिता ने उससे कहा था, "पुत्री, ऋषि दुर्वासा की सेवा पूरे मनोयोग से करना। वे शीघ्र ही क्रोधित हो जाते हैं और मैं नहीं चाहता कि वे हमें किसी भी प्रकार का शाप दें।"

इसलिए कुंती ने ऋषि का बहुत लगन से आदर-सत्कार किया और ऋषि दुर्वासा उससे अत्यंत प्रसन्न हुए। महल से जाते समय उन्होंने कुंती को आशीर्वाद के साथ-साथ एक विशेष वरदान भी दिया।

दुर्वासा ने कहा, "कुंती, मैं तुम्हें एक अत्यंत विशेष मंत्र की शिक्षा दूँगा। इस मंत्र से तुम महान योद्धा पुत्रों की माता बनोगी। परंतु इस मंत्र के जाप के समय सावधान रहना क्योंकि इस मंत्र से तुम हमारे देवताओं में से किसी का भी आह्वान कर सकती हो जो तुम्हें एक पुत्र देंगे।"

वरदान पाकर कुंती बहुत अधिक प्रसन्न थी। उसने सोचा, *मैं किसी भी देवता को बुला सकती हूँ और वे मुझे पुत्र देंगे!* उसके बाद वह उत्सुक होकर सोचने लगी, *क्या यह वरदान वास्तव में काम करेगा?*

इस प्रकार कुंती ने आकाश की ओर देखा जहाँ सूर्य भगवान चमक रहे थे। उसने उनकी प्रार्थना की, “हे सूर्यदेव, मुझे एक पुत्र दें।” और उसे आश्चर्य हुआ कि उसकी प्रार्थना सुन ली गई थी!

युवा कुंती ने एक पुत्र को जन्म दिया। उस बालक ने भगवान सूर्य का कवच धारण किया हुआ था।

अपने पिता को इस विषय में बताने के डर से कुंती ने चिंतित होते हुए सोचा, अब मैं क्या करूँ? उसने शिशु को एक टोकरी में डाला और उसे यमुना में बहा दिया। वह रोती हुई वहीं खड़ी होकर टोकरी को तैरते हुए देखती रही और प्रार्थना की कि उसका पुत्र सुरक्षित रहे।

कुंती की प्रार्थना सुन ली गई थी। टोकरी अधिरथ नाम के एक सारथी और उसकी पत्नी राधा को मिली जिनके कोई संतान नहीं थी। राधा ने शिशु को उठाया और खुशी से चिल्लाई, "ईश्वर ने हमारी प्रार्थना सुन ली। देवताओं ने हमें एक पुत्र दिया है!" उन्होंने उस बालक का नाम कर्ण रखा।

कुंती और माद्री संतान नहीं होने के कारण अत्यधिक दुःखी थे। तभी कुंती को ऋषि दुर्वासा से मिले उस वरदान की याद आई। उसने न्याय के देवता धर्म का आह्वान किया और इस प्रकार उसके ज्येष्ठ पुत्र युधिष्ठिर का जन्म हुआ।

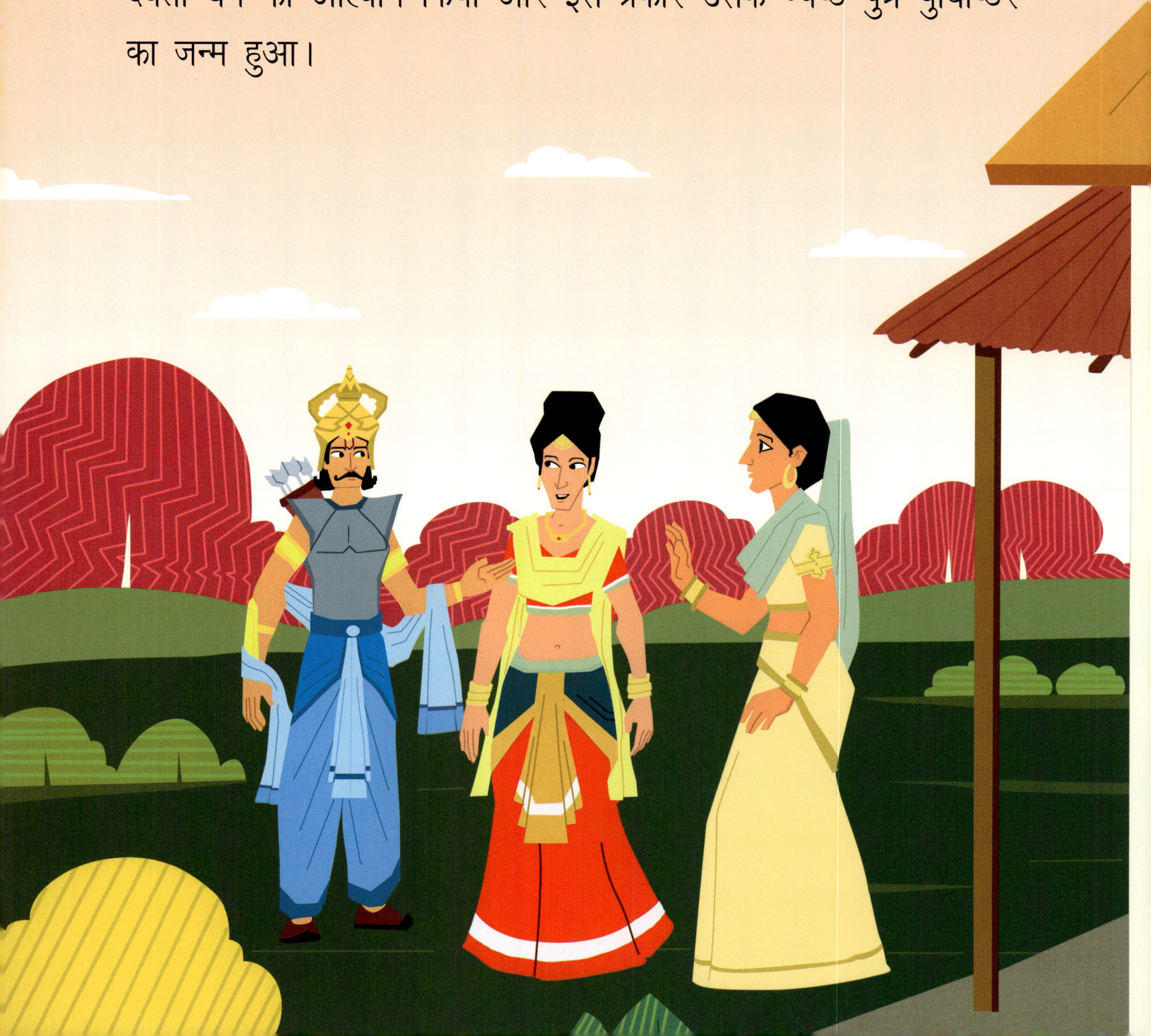

वायु देव ने उसे उसका दूसरा पुत्र भीम दिया और स्वर्ग के देवता इंद्र उसके तीसरे पुत्र अर्जुन के पिता बने। कुंती के प्रत्येक पुत्र में अपने-अपने पिता की दिव्य शक्तियाँ निहित थीं।

माद्री ने प्रातः और सायं के तारों के जुड़वाँ देवताओं से प्रार्थना की, जिन्हें अश्विन कहा जाता है और उसने नकुल और सहदेव नाम के दो जुड़वाँ पुत्रों को जन्म दिया। राजा पांडु और रानी माद्री की अकस्मात् मृत्यु के बाद कुंती ने पाँचों पुत्रों के साथ हस्तिनापुर लौटने का निर्णय लिया।